AF494507

EDICT DV ROY,

PORTANT CREATION EN HEREDITÉ DES OFFICES de Conseillers Receueurs & Controolleurs Particuliers Triennaux des Decimes en chacun Diocese de ce Royaume : Auec les gages & droicts d'iceux.

Verifié en Parlement le quatriéme [illegible] Septembre 1628.

A PARIS,
Par A. ESTIENE, P. METTAYER & C. PREVOST, Imprimeurs ordinaires du Roy.

M. DC. XXVIII.

Auec Priuilege de sa Majesté.

LOVIS PAR LA GRACE DE DIEV ROY DE FRANCE ET DE NAVARRE, A tous presents & à venir, Salut. Nous auions tousjours desiré & attendu que nos Subjets de la Religion pretenduë Reformée, par le bon & fauorable traittemẽt qu'ils ont receu de nous, addouciroient l'aigreur de leurs esprits & se rangeroient à leur deuoir; à quoy mesme le sens cõmun les deuoit d'autant plustost disposer, qu'il est facile à comprendre qu'ils ne peuuent trouuer repos ny seureté en aucun autre party: Mais estant arriué tout au contraire, que par vne suitte de mauuais desseins, la rebellion des principaux d'entr'eux est venuë jusques à tel poinct, que de traitter auec les Estrãgers, & les faire deſcendre en noſtre Royaume lors meſmes que nous y penſions le moins, auec vne flotte de vaiſſeaux la plus puiſſante & mieux equippée que l'Angleterre ayt pù mettre ſus, Nous auons porté noſtre ſoin & nos forces pour les faire perir par leurs propres deſſeins. En quoy il nous a ſi heureuſement ſuccedé, que nous auons deffait vne grande partie de cette armée eſtrangere, repouſsé le reſte iuſques dans ſes vaiſſeaux, & en meſme temps aſſiegé noſtre ville de la Rochelle, laquelle bië qu'eſtimée l'azile & le fort inexpùgnable de ceux de cette faction, ſoit à cauſe des grandes fortifications qui y ont eſté faites & continuées de longtemps, ou à cauſe de la mer qui la cloſt d'vn coſté, & luy a touſiours fourny le ſecours neceſſaire, nous l'auons neantmoins rangée à tel poinct, que nous esperons la voir bien-tost tomber d'elle mesme en nos mains. Aussi n'y a-il sorte d'industrie, despé-se, veilles & trauaux que nous n'ayons employez & supportez pour l'execution d'vn si grand dessein, n'ayant pas eu seulemẽt à combattre nos Subjets rebelles renfermez dás l'vne des plus fortes & puissantes villes de nostre Royaume , ny la rigueur de l'hyuer, & les maladies & autres incommoditez qu'vn long Siege apporte, mais aussi à surmonter les difficultez incõparables qu'il y auoit à fermer l'entrée du port, & empescher que la ville pùt estre secouruë de cette part: à quoy nous sommes en fin paruenus par le moyen des grands & insignes ouurages & machines que nous auons à cette fin fait faire & construire en la mer. Mais comme la guerre ne se peut faire à temps, ny à prix certain ; la lõgueur de ce Siege, le payement & ſolde des armées que nous auons eſté obligez d'entretenir tant par mer que par terre en diuers lieux & prouinces, & les grandes & incroyables deſpenſes qu'il nous a conuenu faire pour leſdits ouurages, ont tellement eſpuiſé les deniers & finances que nous auons pù recouurer de toutes parts, qu'ayant beſoin d'eſtre ſecourus encore d'vne grande & notable ſomme de deniers pour la continuation de ce Siege ſi important au bien de ceſt Eſtat, le Clergé de noſtre Royaume qui a vn notable intereſt à la conſeruation d'iceluy, comme en eſtant le premier ordre, nous a accordé pour cét effet la ſomme de trois millions de liures: & pour ſatisfaire au payement de partie d'icelle, de mettre ſur ledit Clergé par forme de nouuelle impoſition annuelle, la somme de sept-vingt mil liures de reuenu pour estre employée au payement des gages & taxations d'vn Receueur & vn Cõtrolleur Triẽnal, qui seront establis en chacun Diocese de nostre Royaume suiuant le departemẽt cy apres declaré: SÇAVOIR FAISONS qu'apres auoir mis cest affaire en deliberation en nostre Conseil, où estoient aucuns Princes, Officiers de nostre Couronne, & autres grãds & notables personnages de nostredit Conseil, De l'Aduis d'iceluy, & de nostre certaine science, plaine puissance & authorité royale, NOVS AVONS par cestuy nostre Edict perpetuel & irreuocable, crée, erigé & estably, creons, erigeons & establissons en chef & tiltre d'Offices formés & hereditaires, vn Receueur & vn Controolleur Particulier Triẽnal des Decimes en chacun Diocese de noſtre Royaume, auec la qualité de nos Conſeillers que nous leurs auons attribuée & attribuons, Pour eſtre d'oresnauant par nous & nos ſucceſſeurs Roys pourueu en heredité de perſonnes capables auſdits Offices, ſur les quittāces de noſtre cher & bien amé Maiſtre Philippes d'Agueſſeau, Receueur general dudit Clergé, leſquelles ſeront paraphées & viſées par les Agents d'iceluy, & les auons dés à preſent validées & authoriſées, validōs & authoriſons, pour ſur icelles eſtre les prouiſions deſdits Offices expediées, & entrer par les pourueus en exercice de leurs charges qui ſe fera triennallement au premier iour de Ianuier prochain: Et neantmoins ioüyront des gages & taxatiōs ordinaires equipolens à gages, que nous leur attribuons par le preſent Edict, & qui seront cy apres declarez, à commen-

cer

cer au premier iour de Iuillet aussi prochain; ensemble des mesmes honneurs, authoritez, prerogatiues, preeminences, priuileges, franchises & libertez que les Alternatifs de la creation de l'année mil six cens vingt-vn: A sçavoir aux Receueur & Controolleur Particuliers Triennaux des Decimes du Diocese de Sens, la somme de quinze cents quarente deux liures deux deniers obole chacun, pour gages & taxations ordinaires equipolens à gages par chacun an tant en exercice que hors iceluy

Aux Receueur & Controolleur Particuliers Triennaux des Decimes du Diocese de Paris, huict cents dixhuict liures quinze sols quatre deniers chacun, pour gages & taxations ordinaires equipolens à gages aussi par chacun an tant en exercice que hors iceluy.

A ceux du Diocese de Meaux, six cents soixante douze liures cinq sols vnze deniers chacun.

A ceux du Diocese de Senlis, cent vingt-sept liures dix sols six deniers obole chacun.

A ceux du Diocese de Soissons, quatre cents quinze liures seize sols vn denier obole pite chacun.

A ceux du Diocese de Beauuais, quatre cents vingt-cinq liures sept sols deux deniers obole chacun.

A ceux du Diocese de Chartres, dixhuict cents soixante & deux liures dixsept sols dix deniers obole chacũ.

A ceux du Diocese de Rheims, cinq cents quatre-vingts cinq liures quatre sols chacun.

A ceux du Diocese de Troyes, sept cents vingt-deux liures dix-neuf sols deux deniers chacun.

A ceux du Diocese de Chaalons,

trois cents soixante-six liures seize sols trois deniers obole pite chacun.

A ceux du Diocese de Langres, douze cents trente six liures sept sols vn denier pite chacun.

A ceux du Diocese de Laon, deux cents cinquante deux liures quatre sols quatre deniers pite chacun.

A ceux du Diocese d'Amiens, six cents quarante deux liures dix-huict sols deux deniers obole pite chacun.

A ceux du Diocese de Noyon, deux cents cinquante trois liures douze sols deux deniers obole pite chacun.

A ceux du Diocese de Boulongne, trente liures neuf sols quatre deniers obole chacun.

A ceux du Diocese de Roüen, trois mille cent quatre-vingt cinq liures sept deniers chacun.

A ceux du Diocese d'Eureux, mil quatorze liures deux sols pite chacun.

A ceux du Diocese de Lysieux, neuf cents quatre-vingt vnze liures neuf sols vn denier obole chacun.

A ceux du Diocese de Seez, neuf cents deux liures trois sols vn denier obole chacun.

A ceux du Diocese de Bayeux, mil quatre vingts dix-sept liures huict sols sept deniers chacun.

A ceux du Diocese de Coustance, mil vingt deux liures neuf sols huict deniers pite chacun.

A ceux du Diocese d'Auranche, six cents quatre-vingt dix-neuf liures deux sols vnze deniers pite chacun.

A ceux du Diocese de Tours, douze cents quatre-vingt vnze liures quinze sols trois deniers chacun, y compris deux cents trente cinq liures dix huict sols qui seront payez par le Chapitre sainct Martin.

A ceux du Diocefe du Mans, trei-ze cents quarante deux liures douze fols dix deniers chacun.

A ceux du Diocefe d'Angers, trei-ze cents foixante-huict liures huict fols quatre deniers chacun.

A ceux du Diocefe de Nantes, fept cents quatre vingts dix-fept liures vnze fols fept deniers obole chacun.

A ceux du Diocefe de Vannes, fept cents quinze liures dix fols dix deniers obole demi-pite chacun.

A ceux du Diocefe de S. Malo, quatre cents cinquante neuf liures vnze fols fix deniers chacun.

A ceux du Diocefe de Cornuail-les, fix cents trente-deux liures dix-huict fols vn denier obole chacun.

A ceux du Diocefe de Rennes, cinq cents trente-huict liures treize fols huict deniers obole chacun.

A ceux du Diocefe de Treguier,

deux cents quatre-vingt trois liures trois ſols ſept deniers obole chacun.

A ceux du Dioceſe de Leon, deux cents vingt-neuf liures quatre ſols vn denier chacun.

A ceux du Dioceſe de Dol, deux cents vingt-ſept liures quatre deniers chacun.

A ceux du Dioceſe de S. Brieux, trois cents trente liures vnze ſols neuf deniers chacun.

A ceux du Dioceſe de Bourges, deux mil cent ſoixante & dix-neuf liures trois ſols neuf deniers chacun.

A ceux du Dioceſe de Neuers, cinq cents neuf liures vn ſol neuf deniers chacun.

A ceux du Dioceſe d'Orleans, huict cents cinquante ſix liures quatre ſols dix deniers obole chacun.

A ceux du Dioceſe de Poictiers, deux mil cent ſoixante & dix-neuf liures dix-ſept ſols trois deniers o-bole pite chacun.

A ceux du Dioceſe de Maillezais, ſix cents trente cinq liures deux ſols cinq deniers chacun.

A ceux du Dioceſe de Xainctes, quinze cents vne liure vnze ſols vn denier chacun.

A ceux du Dioceſe d'Angouleſ-me, ſept cents douze liures dix-neuf ſols trois deniers pite chacun.

A ceux du Dioceſe de Luçon, qua-tre cents ſix liures ſeize ſols ſix de-niers chacun.

A ceux du Dioceſe de Clermont, dix-neuf cents trente liures douze ſols obole chacun.

A ceux du Dioceſe de Tulles, cent ſoixante-ſix liures dix-neuf ſols neuf deniers chacun.

A ceux du Dioceſe de Limoges, quinze cents ſoixante & quatorze liures trois ſols cinq deniers pite chacun.

A ceux du Dioceſe de S. Flour, ſix cents douze liures ſeize ſols ſix deniers obole chacun.

A ceux du Dioceſe d'Autun, quatorze cents quatre-vingt ſept liures huict ſols vnze deniers chacun.

A ceux du Dioceſe de Chalon, ſix cents quatre liures dix-huict ſols vnze deniers chacun.

A ceux du Dioceſe de Maſcon, cinq cents vingt-trois liures quinze ſols ſept deniers obole pite & demi-pite chacun.

A ceux du Dioceſe d'Auxerre, quatre cents ſoixante & vnze liures douze ſols chacun.

A ceux du Dioceſe de Lyon, douze cents quarante deux liures ſix ſols ſix deniers obole chacun.

A ceux du Dioceſe de Mande, cinq cents

cents ſoixante & douze liures ſix ſols ſept deniers obole chacun.

A ceux du Dioceſe de Viuiers, quatre cents quarante-vne liure neuf ſols quatre deniers obole chacun.

A ceux du Dioceſe du Puy, quatre cents vingt-deux liures ſeize ſols huict deniers pite chacun.

A ceux du Dioceſe de Thoulouze, treize cents quatre-vingt quinze liures ſept ſols dix deniers chacun.

A ceux du Dioceſe de Carcaſſonne, ſix cents quatre-vingt vnze liures ſeize ſols chacun.

A ceux du Dioceſe d'Alby, vnze cents cinquante ſept liures cinq ſols ſix deniers obole chacun.

A ceux du Dioceſe de Caſtres, quatre cents ſeize liures dix ſols ſept deniers obole chacun.

A ceux du Dioceſe de Mirepoix

trois cents quatre-vingts huict liures treize ſols vn denier chacun.

A ceux du Dioceſe de Sainct Papoul, deux cents cinquante cinq liures huict ſols dix deniers chacun.

A ceux du Dioceſe d'Aleth, cent ſoixante & dix liures ſix deniers pite chacun.

A ceux du Dioceſe de la Vaur, quatre cents cinquante-cinq liures cinq ſols cinq deniers obole chacun.

A ceux du Dioceſe de Rieux, quatre cents trente-deux liures vnze ſols cinq deniers chacun.

A ceux du Dioceſe de Montaubã, quatre cents ſoixante dix-huict liures dix-huict ſols chacun.

A ceux du Dioceſe de Cahors, quinze cents dix liures neuf ſols neuf deniers obole chacun.

A ceux du Dioceſe de Rhodez, treize cents quatre-vingts ſix liures dix sols sept deniers obole chacun.

A ceux du Diocese de Pasmiers, deux cés vingt-trois liures six deniers pite chacun.

A ceux du Diocese de Vabres, deux cens quatre-vingt quatre liures dix-sept sols quatre deniers pite chacun.

A ceux du Diocese de Montpellier, quatre cens trente deux liures trois sols quatre deniers obole chacun.

A ceux du Diocese de Nismes, six cens soixante-huict liures vnze sols vnze deniers chacun.

A ceux du Diocese de Narbonne, six cens quatre vingt six liures trois sols vn denier chacun.

A ceux du Diocese de Beziers, cinq cens cinquante-vne liure seize sols neuf deniers chacun.

A ceux du Diocese d'Agde, deux cens trente-quatre liures dix sols cinq deniers chacun.

A ceux du Diocese d'Vsez, cinq cents dix-sept liures quatre deniers obole chacun.

A ceux du Diocese de Lodesue, cent soixante huict liures dix-sept sols trois deniers chacun.

A ceux du Diocese de S. Ponts, cent trente-sept liures six sols quatre deniers chacun.

A ceux du Diocese de Bordeaux, huict cens vingt-deux liures cinq sols neuf deniers obole chacun.

A ceux du Diocese de Bazas, trois cens quatre vingt vne liure douze sols six deniers chacun.

A ceux du Diocese d'Acqs, trois cens cinquante six liures dix-neuf sols vnze deniers chacun.

A ceux du Diocese de Bayonne, quatre-vingt sept liures quatorze sols vnze deniers chacun.

A ceux du Diocese de Tarbes, trois

cens cinquante trois liures ſeize ſols vnze deniers obole chacun.

A ceux du Dioceſe d'Agen, neuf cens cinquante neuf liures obole chacun.

A ceux du Dioceſe de Perigueux, ſept cens vingt-quatre liures huict ſols cinq deniers obole chacun.

A ceux du Dioceſe de Sarlat, quatre cens quatre vingt liures dix ſols ſept deniers obole chacun.

A ceux du Dioceſe d'Aire, trois cens vingt-huict liures deux deniers obole chacun.

A ceux du Dioceſe de Lectoure, deux cens quatre-vingt liures dixneuf ſols cinq deniers chacun.

A ceux du Dioceſe de l'Eſcart, treize liures ſeize ſols neuf deniers pite chacun.

A ceux du Dioceſe de Condom, cinq cens ſoixante & quatorze liures quinze ſols chacun.

A ceux du Dioceſe d'Auch, mille quatre-vingt dix-ſept liures quatre ſols dix deniers chacun.

A ceux du Dioceſe de Commin-ges, trois cens quatorze liures dix-neuf ſols trois deniers pite chacun.

A ceux du Dioceſe de Conſerans, cent ſoixante cinq liures quatorze ſols quatre deniers chacun.

A ceux du Dioceſe de Lombers, quatre cens quarante-vne liure trois ſols deux deniers obole pite chacun.

A ceux du Dioceſe d'Aix, deux cẽs quatre vingt liures ſeize ſols neuf deniers demi-pite chacun.

A ceux du Dioceſe de Digne, ſoixante neuf liures huict ſols vnze deniers chacun.

A ceux du Dioceſe de Graſſe, cent trente-vne liure quinze ſols vn denier obole chacun.

A ceux du Diocese de Glandeuez, cinquante-trois liures dix-sept sols trois deniers obole chacun.

A ceux du Diocese de Senez, cent quinze liures vnze sols six deniers obole demi-pite chacun.

A ceux du Diocese de Vanse, quatre-vingt dix liures quatorze sols six deniers obole demi-pite chacun.

A ceux du Diocese d'Apt, soixante liures deux sols vn denier chacun.

A ceux du Diocese de Riez, cent soixante & quinze liures quinze sols deux deniers obole chacun.

A ceux du Diocese de Frejust, trois cens vne liure dix-huict sols cinq deniers chacun.

A ceux du Diocese de Sisteron, cent vingt-vne liure dix-huict sols dix deniers chacun.

A ceux du Diocese d'Arles, deux

cens quinze liures trois ſols quatre deniers obole pite chacun.

A ceux du Dioceſe de Marſeille, cent ſix liures vn ſol dix deniers pite chacun.

A ceux du Dioceſe d'Auignon, cent ſoixante & dix-neuf liures cinq ſols quatre den. obole pite chacun.

A ceux du Dioceſe de Carpentras, cinq liures dix-neuf ſols trois deniers obole pite chacun.

A ceux du Dioceſe de Toulon, ſoixante & douze liures dix-neuf ſols obole pite chacun.

A ceux du Dioceſe de Viēne, quatre cens quarante-trois liures ſept ſols vnze deniers chacun.

A ceux du Dioceſe de Grenoble, trois cens quatre vingt-quatorze liures ſix ſols cinq deniers chacun.

A ceux du Dioceſe d'Ambrun, cēt quatre-vingt ſix liures dix-ſept ſols

ſept

ſept deniers obole chacun.

A ceux du Dioceſe de Valẽce, deux cens quarante trois liures dix deniers obole chacun.

A ceux du Dioceſe de Die, cent quatre-vingt liures douze ſols huict deniers chacun.

A ceux du Dioceſe de Gapt, trois cẽs vingt liures vnze ſols trois deniers demi-pite chacun.

A ceux du Dioceſe de ſainct Paul trois Chaſteaux, trente-neuf liures treize ſols trois deniers chacun.

Outre tous leſquels gages & taxations ordinaires equipolens à gages cy deſſus ſpecifiez, nous auons par noſtredit preſent Edict octroyé & attribué, octroyons & attribuons aux Receueur & Controolleur Particuliers Triennaux des Decimes dudit Dioceſe de Grenoble, la ſomme de ſoixante-ſept liures neuf ſols trois deniers chacun, outre & pardessus ce qui leur est attribué par ledit present Edict, pour les prendre & perceuoir d'oresnauant ainsi que leurs gages en la recepte particuliere dudit Diocese où ladite somme sera portée aux termes ordinaires, & par le Receueur d'iceluy receus des Beneficiers cy-apres nommez; Sçauoir de ceux de la Preuosté d'Houx, vingt-trois liures dix-huict sols trois deniers, Des quatre Cures deChasteaudaufin, quatre liures dix sols vn denier obole, Des Beneficiers du Diocese de Vaizon, dix-sept liures quinze sols six deniers, Et de ceux du Diocese de Belay, vingt-vne liure cinq sols quatre deniers obole. Le tout pour les taxes faittes sur lesdits Beneficiers à cause de ce qu'ils doiuent porter pour leurs parts & portions desdits cent quarante mille liures de rente à nous accordées par ledit Clergé. Reuenans tous lesdits gages, taxations equipolens à gages & attributions susdites faites ausdits Receueurs & Controolleurs Triēnaux Diocesains, à ladite somme de sept-vingt mille liures de reuenu à nous accordez par ledit Clergé, suiuant & conformément au departement desdits cent quarante mille liures, fait & arresté en la derniere Assemblée Generale du Clergé le vingt-troisiéme iour du present mois de Iuin. Comme aussi nous auons par ledit present Edict creé, erigé, creons & erigeons en tiltre d'Office formé & hereditaire en chacun des Dioceses de l'Escar & Olerõ de nostre Royaume de Nauarre & Souueraineté de Bearn reünis à nostre Couronne, vn Receueur & vn Controolleur Particuliers Triennaux desdites Decimes, aux gages & taxations ordinaires de quatre cents vingt-cinq liures chacun, qui eſt pour les quatre Offices dixſept cents liures. Et outre auons attribué & attribuons aux Officiers qui doiuent faire la recepte des deniers des Decimes du pays de Breſſe, Bugey, Valromey & Gez, la ſomme de quatre cents liures de gages par an audit tiltre d'heredité, à departir également entr'eux. Le fonds deſquels gages & taxations ordinaires attribuez auſdits Offices preſentement creez eſdits Dioceſes de l'Eſcar & Oleron, & ladite attributiõ auſdits Offices de Breſſe, ſera pris & leué ſur les Dioceſes & Beneficiers deſdits pays par nouuelle impoſition, outre leſdits ſept-vingt mil liures, ſuiuant le departement qui en ſera fait par leſdits du Clergé, leſquels pourront diſpoſer deſdits Offices de l'Eſcar & Oleron, & de ladite augmentation de gages aux Officiers de Bresse, à leur profit, conformément audit Cõtract. Prendront aussi lesdits Receueurs chacun en l'année de leur exercice seulement, six deniers pour liure de taxations des deniers extraordinaires qui seront leuez dans lesdits Dioceses. Lesquels gages & taxations ordinaires seront pris & retenus par ceux qui seront en charge, & payez à leurs compagnons d'Offices sous leurs simples quittances aux termes accoustumez, ainsi que les prennent & reçoiuent lesdits Alternatifs. Ferõt lesdits Receueurs Particuliers & Diocesains chacun en son année, la recepte de tous les deniers qui se leueront sur ledit Clergé és Dioceses où ils seront respectiuement establis, suiuant le departement qui leur sera baillé : & feront porter lesdits deniers à leurs despens aux termes accoustumez en la Ville où eſt eſtablie la Recepte generale du reſſort dudit Dioceſe, és mains du Receueur General Prouincial d'icelle qui ſera en exercice, ſans qu'ils ſoyent tenus en compter ailleurs que pardeuāt les Archeueſques, Eueſques Dioceſains, leurs grands Vicaires & deputez de leurs Dioceſes. Preſteront le ſerment deu à cauſe de leurs Offices, pardeuant & ainſi qu'il eſt accouſtumé, & bailleront caution de pareille ſomme que les anciens pardeuant nos amez & feaux Cōſeillers les Preſidens & Treſoriers Generaux de France en chacune Generalité, ſans que ledit Clergé ſoit tenu de leur inſoluabilité. Ioüyront auſſi leſdits Controolleurs Particuliers Triēnaux deſdittes Decimes en chacun Dioceſe creez par ledit preſent Edict, de trois deniers pour liure chacun en l'année d'exercice de toutes autres ſubuentions & deniers extraordinaires qui ſeront leuez ſur leſdits Dioceſes:& ſeront payez deſdits gages & taxations ordinaires par les Receueurs Particuliers des Dioceſes où ils ſeront eſtablis,chacũ en l'année de leur exercice, de ſix mois en ſix mois ſur leurs ſimples quittances. Controollerõt & parapherõt auſſi leſdits Controlleurs Particuliers Triennaux, ou feront controoller & parapher par leurs Commis, ſans autre ſalaire, les quittances qui ſeront diſtribuées aux Beneficiers de chacun Dioceſe où ils ſerõt eſtablis: & ferõt mettre auſſi les deniers de ladite recepte dãs vn coffre qui ſera en la poſſeſſion dudit Receueur, dont ils auront vne des clefs, & n'en pourront eſtre tirez ſi ce n'eſt de leur conſentement, dont ils parapheront les bordereaux. Pourront auſſi pour le ſoulagement deſdits Beneficiers assister aux baulx à fermes de leurs biẽs saisis, & aux redditiõs des comptes des Commissaires qui serõt establis au regime d'iceux, & aux taxes de leurs vacations & des courses de Sergents, sans pour ce pretẽdre aucunes taxations ny salaires. Seront receus & feront le serment à cause de leurs Offices, pardeuant & ainsi qu'il est accoustumé. Les gages & taxations ordinaires de tous lesquels Offices excepté ceux de l'Escar, Olerõ & Bresse, seront pris sur ladite somme de sept-vingt mil liures de nouuelle impositiõ à nous accordée par le Clergé de nostre Royaume, sans diminution de ce qui nous a esté accordé par ledit Clergé par cy-deuant, Pour en ioüyr par lesdits pourueus, leurs successeurs & ayants cause, audit tiltre d'heredité, comme de leurs propres choses, vray & loyal acquest, & en dis-

poser

poser au proffit de personnes suffisantes & capables ausdits gages & taxations, sans qu'il y puisse estre cy-apres pourueu que sur leur nominatiõ ou de leurs successeurs & ayants cause, & sans aussi qu'ils soyent tenus de payer aucun droict de nomination ny marc-d'or, & n'en pourront estre depossedez en quelque sorte & maniere que ce soit, sinõ en les remboursant actuellement comptant & en vn seul payement, tant de ladite finãce qu'ils auront payée pour lesdits Offices & des gages & taxations qui leur seront lors deus & escheus, que de leurs frais & loyaux cousts moderez à vingt liures, comme aussi des deniers qui pourroient estre deus ausdits Receueurs par lesdits du Clergé par les estats finaux de leurs comptes : Demeureront toutefois lesdits Offices de Receueurs Particuliers Triennaux des Decimes, ſpecialement affectez, obligez & hypothequez aux debets de leurs comptes, pour eſtre, s'il y eſchet, leſdits Offices vendus par les formes ordinaires, & les deniers en prouenants employez par preference à l'acquit deſdits debets, & le ſurplus au proffit deſdits Receueurs ou leurs ayãts cauſe. SI DONNONS EN MANDEMENT à nos amez & feaux Conſeillers les Gens tenans noſtre Cour de Parlement à Paris, que ceſtuy noſtre preſent Edict, ils facent lire, publier & enregiſtrer, & du contenu en iceluy ioüyr & vſer les pourueus deſdits Offices, & leurs ſucceſſeurs & ayants cauſe, hereditairement, à touſiours, plainement & paiſiblement, ceſſants & faiſants ceſſer tous troubles & empeſchemens au contraire, nonobſtant oppoſitions ou appellations quelconques : la cognoiſſance deſquelles ſi aucunes interuiennent, nous auons retenuë & reſeruée, retenons & reſeruons à nous & à noſtredit Conſeil, & icelle interditte & defenduë, interdiſons & defendons à toutes nos Cours & Iuges quelconques : CAR tel eſt noſtre plaiſir. Et afin que ce ſoit choſe durable, ferme & ſtable à touſiours, nous auons fait mettre noſtre ſeel à ceſdittes preſentes, ſauf en autres choſes noſtre droict & l'autruy en toutes. DONNE' au Camp deuant la Rochelle au mois de Iuin, l'an de grace mil ſix cens vingt-huict, & de noſtre regne le dix-neuſiéme, ſigné, LOVYS, A coſté, Viſa, Et plus bas, Par le Roy, POTIER. Et ſeellé du grand Seau en cire verte ſur lacs de ſoye rouge & verte. Et plus bas eſt écrit :

Regiſtrées, oüy & ce requerant le Pro-

cureur General du Roy, pour estre executées selon leur forme & teneur suiuant l'Arrest de ce iour. A Paris en Parlement ce quatriéme Septembre 1628.

Signé, DV TILLET.

Extraict des Registres de Parlement.

V*Eu par la Cour, toutes les Chambres assemblées, les Lettres patentes du Roy en forme d'Edict, données au Camp deuant la Rochelle au mois de Iuin de la presente année, signées*, LOVYS, *& plus bas, par le Roy*, POTIER, *& seellées du grand seel de cire verte en lacs de soye, par lesquelles, & pour les causes y contenuës, ledit Seigneur cree, erige & establit en chef & tiltre d'Offices formez & hereditaires, vn Receueur & vn Controolleur Particulier Triennal des De-*

cimes en chacun Diocese de son Royaume, auec la qualité de ses Conseillers que iceluy Seigneur leur attribuë, pour estre d'oresnauant par luy & ses successeurs Roys pourueu en heredité, de personnes capables ausdits Offices, & ioüyr par les pourueus des gages & taxations y attribuez ainsi & comme plus au long le contiennent lesdites Lettres : Requeste presentée à ladite Cour par les Preuost des Marchands & Escheuins de ceste ville, afin d'auoir communication dudit Edict: Arrest du vingt-neufiéme Aoust dernier par lequel auant proceder à la verification desdittes Lettres, auroit esté ordonné qu'elles seroient communiquées ausdits Preuost des Marchands & Escheuins pour donner aduis sur le contenu d'icelles: L'Aduis par eux baillé du dernier iour dudit mois d'Aoust : Conclusions du Procureur General du Roy, & la matiere mise en deliberation : LADITE COVR a *ordonné & ordonne que lesdittes Lettres en forme d'Edict, seront registrées au Greffe d'icelle, pour estre executées selon leur forme & teneur, à la charge que les deniers procedans de la vente des Offices y mentionnez, seront employez au payement des gens de guerre, & autres frais qu'il conuient faire pour le Siege de la Rochelle seulement, sans diminution neantmoins de ce qui se paye annuellement pour les rentes constituées aux Preuost des Marchands & Escheuins de ceste ville de Paris. Fait en Parlement le quatriéme Septembre 1628.* Signé, DV TILLET.

Collationné aux Originaux par moy Conseiller Secretaire du Roy & de ses Finances.

BIBLIOTHÈQUE IMPÉRIALE IMPR.

www.ingramcontent.com/pod-product-compliance
Ingram Content Group UK Ltd.
Pitfield, Milton Keynes, MK11 3LW, UK
UKHW022153170726
13837UKWH00004B/1974